VERTUS DE L'IMPERFECTION

18, rue Barbès, 9128 Montrouge
ISBN : 978-2-227-49479-4

ALEXIS JENNI

VERTUS DE L'IMPERFECTION

Collection « J'y crois »

bayard

Corps qui pense

Notre corps nous parle en permanence une langue étrangère dont nous ignorons tout, mais que nous comprenons très bien. *Nous*, dis-je… je dis nous. Nous ? Mais qui est ce *nous* qui dit avoir un corps ? C'est sans doute ce corps lui-même, qui essaie de savoir quelque chose de lui-même, et qui pour cela se prend pour un autre, un autre qui croirait être l'esprit et qui aurait un peu de distance, un peu de surplomb, et beaucoup de langage. Car je ne vois pas comment *notre corps* pourrait être une enveloppe de chair autour de notre esprit, ce serait étrange, une enveloppe qui nous entourerait et nous porterait, car elle envelopperait quoi ? Soi ? Allons, comme si c'était consistant... Il est très étrange que nous puissions y voir une enveloppe, car l'enveloppe est vide ; ouvrons-la, enlevons couche après couche, on ne trouvera rien, et quand on aura tout enlevé, il ne restera rien. *Nous*, ce nous que j'emploie, est notre être tout entier : nous sommes cette chair, cette chair qui sent, qui se meut, qui s'émeut et qui pense, cette chair qui croit tout savoir par vision claire, qui parle d'abondance, et qui se connaît si peu elle-même.

Notre corps nous parle en permanence, mais le plus souvent nous n'y entendons rien, par surdité, distraction, paresse, ou ignorance de l'idiome qu'il emploie : le corps de chair s'exprime en un langage liquide qui nous baigne, et qui n'est pas facile à déchiffrer.

Que veux-je dire, à la fin ? Que le corps qui est nous est plus vaste que l'esprit et qu'il lui parle confusément ; et l'esprit, ce bravache, est une fonction un peu particulière du corps, que le corps est une vaste antenne qui rassemble plus de sensations que ne peut en traiter l'esprit, et c'est le corps tout entier, souvent, le plus souvent, heureusement, qui décide à sa place.

Quand l'esprit reste coi et que nous croyons ne pas savoir, quand la raison échoue à sortir des boucles sans issue qu'elle produit à foison, quand le langage a épuisé ses quelques mots, ses pauvres tournures, ses phrases attendues, nous avons encore cette ressource qui est la masse de chair muette que nous appelons notre corps, ce que nous appelons, vu du dedans, notre for intérieur ; et celui-ci, étrangement, est tout entier dirigé vers dehors. Le for intérieur est plongé dans le monde, il vit, entend, comprend ce qui lui arrive, et il y répond par des clapotis, des vagues et des tourbillons, des parfums et des goûts, des postures et des gestes. Sentez-vous ce que sent le corps ? Sentez. Il a raison, il dit toujours le vrai au sens où la réalité est toujours vraie, mais il le dit dans une langue étrangère, que nous comprenons très bien, sans en savoir un mot.

Caves et greniers

Le corps est plus vaste que l'esprit ; mais l'esprit n'ose pas le savoir. Nous avons été dotés de la lumière de la conscience, mais Dieu merci, il a été pensé lors de notre création d'établir tout autour du cercle étroit de cette lampe une vaste réserve de ressources mal connues, en vrac, dans le noir, mais que l'on peut atteindre à tâtons.

Chateaubriand m'en donne une image, quand il raconte les soirées de son enfance au château de Combourg. L'été, il restait sur le perron, et son père armé de son fusil tirait les chouettes qui sortaient des créneaux au crépuscule, ce qui au passage montre bien que le romantisme a des rapports difficiles avec les Lumières. L'hiver, il passait les soirées dans une salle trop grande éclairée d'une cheminée, et d'une seule bougie. Les domestiques enlevaient le couvert et se retiraient. Son père commençait alors une promenade qui ne cessait qu'à l'heure de son coucher.

« Lorsqu'en se promenant il s'éloignait du foyer, la vaste salle était si peu éclairée par une seule bougie qu'on ne le voyait plus. On l'entendait seulement encore marcher dans les ténèbres : puis il revenait lentement vers la lumière […]. Lucile et moi nous échangions quelques mots à voix basse quand il était à l'autre bout de la salle ; nous nous taisions quand il s'approchait de nous. Il nous disait en passant : De quoi parlez-vous ? Saisis de terreur, nous ne répondions rien ; il continuait sa marche. Le reste de la soirée l'oreille n'était plus frappée que du bruit mesuré de ses pas, des soupirs de ma mère et du murmure du vent. »

Même sans obstacle, la portée de la lumière est limitée. Elle s'abolit en s'éloignant de sa source, elle s'étiole, s'affaiblit et disparaît en fonction du carré de la distance, elle échoue à dissoudre les ténèbres. Car les ténèbres sont l'origine, la lumière n'y est qu'un événement heureux et limité, précieux mais fugace, finalement secondaire. Il fallut la créer pour qu'elle soit.

Je crois avoir lu ce texte dans un manuel de lecture, un recueil d'extraits de l'école primaire, je l'ai gardé cinquante ans comme une image prenante, et je viens de le retrouver dans le troisième livre des *Mémoires d'outre-tombe.* Étrangement, pendant ces cinquante ans je pensais souvent à cette pièce trop grande pour une seule bougie, qui fait que l'on peut disparaître en s'éloignant, sans sortir de la pièce, et réapparaître en simplement s'approchant. J'y voyais un signe, un modèle, une idée, de je ne savais quoi, mais je m'en souvenais, j'ai dû l'employer au moins trois fois dans des romans sous diverses formes, et je le sais maintenant : c'est une image de l'être, l'image forte de la conscience et du corps tout autour, l'immensité du corps dans laquelle on entend des pas, et la petite flamme de la bougie, lueur de la raison, éclaire ce qu'elle peut. Mais tout se passe dans une seule pièce.

Notre être, selon son mode d'existence, a des caves et des greniers qu'il ne maintient pas éclairés en permanence. On sait et on sent plus de choses que l'on ne sait en savoir et en sentir, et heureusement sans doute, car éclairer tout ça, tout le temps, nous vaudrait des notes faramineuses d'électricité, et un épuisement prochain.

Gardien des profondeurs

« De quoi parliez-vous ? Nous ne répondions rien. Il continuait sa marche. »

C'est fou comme le corps tout entier s'acharne à éviter d'écrire. J'aurais dû dire : s'acharne à ne pas vouloir écrire, car c'est ça la vérité : il refuse d'écrire, mais il ne l'exprime pas clairement, il se contente d'éviter, c'est sa façon et on ne se rend compte de rien. On voit bien qu'on n'écrit pas, mais on ne sait pas pourquoi, on ressent diverses manifestations physiques qui semblent n'avoir aucun rapport avec l'écran qui reste blanc, l'ordinateur ouvert, les touches immobiles : on bâille, on s'endort, on se lève soudain car il faut soudain marcher, courir, s'épuiser, on ressent une constriction intolérable de la poitrine, ou une nausée générale, née dans l'abdomen et qui remonte jusqu'à la gorge. Le corps s'agite en silence, il use de toute sa palette muette, il vomira s'il le faut, tombera en syncope, se grippera, tout ça pour que l'écran blanc reste blanc, pour ne pas écrire, et on croira être simplement fatigué, ou agité, ou occupé.

Ça refuse. Le corps craint la lumière du verbe, il préfère s'agiter en son idiome liquide, régler ses affaires dans l'ombre plutôt que de parler clairement. On sent qu'écrire on n'aime pas ça, que c'est une souffrance ; alors on n'écrit pas. Le « on » est ici le pronom parfait pour désigner l'auteur de l'action : on ; qui ?, on ne sait pas, c'est indéfini. Et le corps dans l'impunité de la pénombre continue sa sarabande.

Le dégoût est le gardien des profondeurs. Il veille, pour que l'on n'aille pas y voir. Mais dans ce rôle cela peut être aussi l'angoisse, le vertige, la narcolepsie, le perfectionnisme et le sentiment d'indignité, toutes les brusques manifestations insupportables qui sont comme des gardiens monstrueux au seuil de notre propre grotte : « Pas plus loin, pas par là ! », grognent-ils avec des bruits de gorge et des écoulements de bave. On obéit car on n'aime pas ça, ces bruits dégoûtants, cette grande fatigue qui nous envahit, ce resserrement de la poitrine qui empêche de respirer et le cœur de battre. Oh ! il sait bien nous empêcher de passer, ce corps qui nous parle par le malaise et par l'ennui. On rebrousse chemin, on revient dans l'espace éclairé, au plus près de l'unique bougie. On reste à ce qu'on croit savoir, on cherche là où il y a de la lumière, on n'écrit pas.

Et pourquoi il ne veut pas ? Parce qu'on ne va pas tout mettre sur la table. On ne va pas se montrer nu, plus que nu, la peau retournée pour être encore plus que nu, et avec la lumière en plus. Alors que, bon an mal an, tout va bien quand on reste dans l'ombre. Si on ne touche à rien, si on ne bouge pas, on ne casse rien ; et tout va bien. Écrire, c'est quand même traverser un magasin de porcelaine plongé dans l'obscurité, avancer à tâtons pour trouver l'interrupteur qui devrait plus ou moins être de l'autre côté ; enfin, on croit. Tout est empilé de façon instable, tout est invisible, tout est fragile ; c'est risqué. On peut préférer rester assis, attendre que le jour vienne de lui-même. Ou s'habituer à l'obscurité. On peut appréhender de traverser, et on le ressent par des frissons et des angoisses qui coupent les jambes ; le corps parle et on lui obéit, on reste assis. Tout se calme, on est en sécurité. Le corps se protège de la lumière, et la pensée lui trouve des raisons.

Cache-tampon universel

Heureusement, le corps ne fait pas que freiner des quatre fers, il dit parfois *oui*, il le dit en sa langue physique, électrique et liquide, il le dit par l'enthousiasme, l'exaltation, le cœur battant et des sourires irrépressibles dont on se demande bien d'où ils viennent, il manifeste brutalement l'affirmation, et on se précipite. Le monde n'est pas seulement dangereux, peuplé d'ennemis ou de situations troubles dont il faut se méfier et qu'il faut fuir, il y a aussi du souhaitable, du désirable, et là on fonce, le corps s'emballe, on y est autorisé. Ce corps qui se gouverne de lui-même a estimé dans ses pensers obscurs que ceci que l'on voit, que l'on sent, et qui provoque des réactions agréables, est bon pour nous. On y va.

Dans toute vie il y a quelque chose du cache-tampon, ce jeu de cache-cache guidé qu'adorent les enfants, Chaud, Tu brûles !, Tu t'approches, Froid !, Froid !, Tu gèles !, Tu t'éloignes ! De quoi ? De ce que tu dois trouver et que l'on a caché quelque part, et on continue comme ça à explorer l'environnement sous les commandes de guides hilares, qui brodent à l'infini sur les brûlures et les engelures, jusqu'à ce que l'on trouve. Je dis *dans toute vie*, parce que toutes les formes de vie se développent ainsi à tâtons, les bactéries vont vers certaines molécules dont elles se nourrissent et qui permettent leur mouvement et donc elles vont là où il y en a, les plantes se dirigent vers la lumière parce que les facteurs de croissance qui circulent dans les tiges réagissent à la lumière et orientent la croissance vers la lumière, ça a l'air intelligent mais c'est physique, nul ne sait ce que peut le corps mais lui non plus, il fait, il fait au mieux, il survit ; je dis *dans toute vie* parce que pour chacun c'est la même chose, les êtres humains parlants et rationnels se dirigent bien plus et bien mieux par l'intime conviction que par le raisonnement, davantage par le sentiment profond que par la comparaison pondérée des avantages et inconvénients, plus efficacement en restant à l'écoute du langage glougloutant et flatueux de notre corps de chair que de celui si élégant que produisent langue et larynx, langage de vent léger, si variable et si flou, si influençable, si plastique, si infiniment plastique qu'il peut dire n'importe quoi, et son contraire, parfois en même temps, et il ne s'en prive jamais.

Je me méfie du langage ? Je fais profession d'écrire, alors je sais exactement ce qu'il peut, je sais son infinie capacité de bourgeonnement, de retournement, d'invention ou de mensonge, je sais ce qui le guide quand on le laisse à lui-même, je sais sa jouissance de la profusion et de la tromperie. Je veux que le langage clair ait toute sa place, mais seulement sa place, au sein de cette colossale langue étrangère qu'est l'état de notre corps.

L'homme est une parabole ; non pas une petite histoire pleine de sens, mais une parabole physique, plastique et métal, dôme paraboloïde autour du petit récepteur, rassemblant les ondes diffuses vers le lieu où l'on peut les entendre. Le corps fait ça, il est une cape de chair déployée, une oreille géante, une plaque sensible, au-dedans et au-dehors, relevant tous les signaux possibles. Après réception, il murmure son oracle et il faut traduire son murmure.

De cette parabole il faut prendre le plus grand soin, car sans elle nous n'existerions pas. Notre corps est le plus précieux, il est notre seule présence sur Terre, guetté comme tout être vivant par la sclérose, l'épuisement et l'oubli. Sans lui, rien. Absence. Sans trace.

Cette chair qui est nous, notre corps, ce sont ici-bas nos propriétés, notre jardin à qui il convient de prodiguer des attentions de jardinier, des soins légers et attentifs, quotidiens. Car s'il sait croître et pousser seul, il a besoin de taille, de plantations et d'engrais pour révéler sa beauté et donner des fruits, rester fertile, fécond, et divers.

Il faut, avec notre corps, entretenir et garder des rapports amicaux.

Cerveau détaché

Dans *L'erreur de Descartes*[1], Antonio Damasio raconte cette anecdote à propos de l'un de ses patients atteint d'une lésion préfrontale ventro-médiane. Je ne sais pas exactement où c'est, mais c'est une partie du cerveau. Le docteur Damasio est neurologue, chercheur, il donne des consultations et essaie d'apprendre de ses patients comment la cervelle s'arrange pour nous guider dans le monde, et savoir qui nous sommes. Ce patient était venu par un jour

1. Antonio Damasio, *L'erreur de Descartes : la raison des émotions*, Odile Jacob, 1995.

d'hiver, et, très à l'aise, il avait expliqué les précautions à prendre pour rouler sur la glace. Il avait raconté qu'une automobiliste devant lui s'était affolée sur une plaque de verglas, avait brutalement freiné par un malheureux réflexe, et elle avait fini dans le fossé. Mais lui, appréciant le problème dans la plus grande tranquillité, il l'avait franchie selon les règles, sans erreur, et était arrivé à l'heure, comme d'habitude. Il arrivait toujours à l'heure, cet homme se dominait parfaitement. Après la visite, il fut question d'un autre rendez-vous, à choisir dans le mois qui suivait. Le patient sortit son agenda, et d'un ton maîtrisé énuméra tous les avantages et inconvénients de chacun des jours, fit le tour, et recommença, car aucune date ne l'emportait nettement sur les autres, c'était sans fin, tout y passait, tout ce qui aurait pu faire choisir l'un était équilibré par ce qui pouvait faire choisir l'autre. Il n'y avait pas vraiment de raison, et sans raison il errait sur la page sans parvenir à ce geste simple que tout le monde fait, chaque jour : pointer le doigt sur une case en disant : « Là ! »

L'homme était intelligent, très raisonnable, un peu froid, et incapable de prendre une décision malgré son discours sans erreur. Dans sa vie, il ne faisait que des mauvais choix, conjugaux, professionnels, boursiers. Il raisonnait très bien, se trompait toujours, et n'en paraissait pas affecté. La lésion au nom mystérieux dont il souffrait (dont il ne souffrait d'ailleurs pas) avait abîmé une zone qui évalue l'état émotionnel du corps, qui mesure toutes sortes de données chimiques liées à l'agitation physique de notre être, température, hormones, rythmes, produisant ainsi des *marqueurs somatiques* transmis au reste du cerveau, donnant à l'esprit clair une intuition de ce qu'il faut faire, indiquant comme une évidence la bonne direction pour agir. C'est-à-dire paniquer et freiner sur le verglas jusqu'à glisser dans le fossé, mais aussi choisir rapidement un jour de rendez-vous parce que « ça a l'air d'aller, celui-là ». Mais le patient ne percevait pas ses états émotionnels, du coup il ne faisait pas d'erreurs, et aussi ne réussissait rien.

Devant des photos horribles de blessures ou d'accidents que le docteur Damasio lui présentait, il ne réagissait pas, ni sueurs, ni tremblements, ni rétractation de quoi que ce soit : cela ne lui faisait rien. Il reconnaissait le sujet, il pouvait décrire précisément les plaies d'une voix calme sans jamais se départir de cette tranquillité où se déployait son esprit méthodique; ce qui pouvait au premier abord passer pour une qualité enviable que l'on qualifierait de *sang-froid*. Et puis non. Face à un agenda il était désarmé, bloqué, sans même s'en rendre compte, les boucles de raisonnement tournaient à l'infini dans son esprit détaché de ce sac de chair et d'humeurs qui nous sert de quille et de gouvernail, et sans lequel nous dérivons sans but, et face à des horreurs il ne frémissait pas, il les décrivait du même ton qu'une plaque de verglas, sans empathie.

Un homme entièrement rationnel, sans émotion apparente, que l'on détecte en lui présentant des photos émouvantes qui ne l'émeuvent pas, c'est la description des réplicants de *Blade Runner*[2], ces androïdes perfectionnés que l'on identifie en leur faisant passer le test de Voigt-Kampff, qui seul peut les différencier des humains vrais. Cet homme se dominait parfaitement parce qu'il n'y avait rien à dominer, son corps était absent et son esprit vide.

---

2. *Blade Runner*, film de Ridley Scott, 1982.

Mélancolie des réplicants

Dans *Blade Runner*, des androïdes augmentés reviennent sur Terre. Ils ont été construits pour être plus beaux, plus forts, plus résistants que l'homme, et pour mourir vite. Ils travaillent dans les colonies spatiales pour être mineurs, métallurgistes, filles de joie, acrobates, ils font tout mieux que l'homme naturel mais ils meurent vite, usés par leurs conditions de vie dans la ceinture d'astéroïdes ou les satellites de Mars. Construits de toutes pièces, ils s'éveillent à l'âge adulte dans leur corps parfait, plus performant qu'aucun corps humain ne le sera jamais, et ils ne ressentent ni empathie ni émotion. On les reconnaît comme ça : on leur fait passer un test où on leur raconte des histoires pleines de violences, d'adultères et d'animaux morts, et s'ils ne manifestent aucune émotion c'est qu'ils sont réplicants, pas humains. Une force spéciale de police est chargée de les reconnaître, de les traquer s'ils s'échappent de leur colonie de l'espace, et de les tuer. Ou de les *désactiver* si on veut, car s'ils sont supérieurement intelligents il leur manque cette empathie qui les relie à l'humanité : ce sont des machines, des animaux-machines sans âme, ils sont dangereux.

Un groupe de réplicants s'évade et revient sur Terre, pour rencontrer leur fabricant, leur créateur, et lui demander d'allonger leur vie. Car la proximité de leur mort inévitable les obsède et les ronge. Mais il ne peut rien faire, ils sont programmés pour la mort, alors par déception ils tuent leur créateur, et ils laissent derrière eux dans la mégapole surpeuplée où ils ont atterri un sillage de cadavres. C'est Harrison Ford, avec son air de brave gars ahuri, qui se charge de les traquer. Il n'est personne qui soit moins qualifié que lui pour traquer des androïdes augmentés, plus forts, plus durs, plus intelligents que lui, bien plus parfaits. Le seul domaine où il les surpasse est la faiblesse émotive, la sensibilité erratique qui le fait être bouleversé par un choc, une souffrance, une cruauté, ce qui est mesuré par le test de Voigt-Kampff qui différencie les hommes vrais des réplicants. (On notera que dans le livre d'origine, *Les androïdes rêvent-ils de moutons électriques ?*[1], il est fait mention de plusieurs versions du test, de plus en plus perfectionnées, pour mieux détecter les faux hommes ; et aux plus raffinés d'entre eux un certain nombre d'hommes échouent — et Philip K. Dick, cet homme tourmenté, cet homme limite, l'auteur du roman, y aurait sans doute échoué.)

Dans sa traque, il en prend plein la figure, l'homme vrai. Il est trompé, séduit, cogné, blessé, mais il les flingue un par un, *in*

1. Philip K. Dick, *Les androïdes rêvent-ils de moutons électriques ?*, Champ libre, 1976.

extremis et presque par hasard, en faisant usage d'un gros soufflant trop lourd pour lui, qui le renverse quand il tire et dont l'impact troue l'autre de part en part. Ouf.

Dans ce roman noir du futur, c'est l'homme de douleurs qui terrasse les surhommes. Eux, les hommes augmentés, l'idée de leur mort les obsède, et finit par les briser, c'est leur seule faiblesse cette mort programmée dont ils savent l'échéance, ils ne la supportent pas car elle est insoluble. Et pour lui, l'homme de faiblesse, la mort n'est rien : une habitude, un destin vague quelque part devant lui, une idée quotidienne qui le suit comme un chien fidèle et finalement affectueux.

On peut rêver d'un corps parfait et travailler à l'obtenir par le culturisme et la diététique, voire par la chirurgie et certaines formes de médecine pleines de promesses ; mais plus on s'engage dans la voie de la perfection, plus on ressent la douleur de ne pas y arriver, la douleur de malgré tout à la fin mourir quand même. C'est que la perfection, on ne voit pas trop à quoi ça ressemble, c'est un état mobile, fuyant, un horizon toujours un peu plus loin dont on est persuadé de pouvoir l'atteindre, mais toujours il s'éloigne un peu plus. Il n'est que l'illustration, la photo retouchée ou le cinéma à effets spéciaux pour figurer un corps dans sa perfection accomplie. Il n'est jamais de perfection vécue, car on ne sait pas à quoi ça ressemblerait, et de toute façon tout est mobile, il n'est qu'une perfection rêvée, et encore, c'est lui faire trop d'honneur, c'est sous-estimer la profondeur du rêve : il n'est de perfection que fantasmée.

D'un air résigné on admet le ciel comme limite, on admet que la perfection n'existe pas en ce monde, par principe, tout comme une copie d'examen ne peut avoir vingt dans le monde sublunaire ; et ça expliquerait tout, et ça préserverait l'idée de perfection, mise hors d'atteinte comme les colonies spatiales peuplées de réplicants. Mais à quoi ressemblerait-elle, la perfection humaine, la perfection des corps dont on se rapproche avec espoir et grincements de dents dans les salles de sport, les cabines de bronzage et les boutiques d'esthéticiennes ? À rien. Rien de connu, rien de pensable. La perfection est un malaise, un manque, un regret : rien.

Le faux défaut

À cette amie au corps svelte étendue en bikini sur une serviette au soleil, on fit cette remarque admirative : « Quel ventre plat ! — Oh ! Tu trouves ? fit-elle d'un air modeste et contrit. J'ai des bourrelets. » Elle se redressa, assise elle pinça la peau de son ventre, et en effet un pli de peau apparut entre ses doigts, preuve de bourrelets, selon elle. Mais qu'est-ce que ce serait d'avoir une peau qui ne plisse pas quand on s'assoit, et quand on la pince ? Un vernis ? Une peinture ? Pas de peau ? Qu'elle n'ait que la peau sur les os lui semblait déjà trop. On voit bien le but inatteignable et mobile que constitue la perfection physique : que le corps disparaisse, remplacé par un hologramme, un dessin, un corps de gloire impalpable, un pur tracé mental qui ne plisse pas s'il s'assoit. Mais à quoi servirait ce corps, dépositaire d'aucune existence, d'aucune expérience possible ? Il n'est pas de corps parfait, il n'est que des corps vécus, et par là vivants.

Les réplicants sculpturaux, beaux et puissants, intelligents et sans scrupules, sans émotions parasites, sont de parfaites machines surhumaines. On les reconnaît à ce trait, il n'est rien qui les émeuve, rien qui les meuve hors du tracé rectiligne de leur tâche. L'émotion est ce qui déplace : pour une machine c'est une faiblesse. Que l'émotion ressentie soit la boussole de nos actes est difficile à comprendre, car elle ne s'exprime pas clairement.

L'homme qui les chasse, le doux Harrison dans son imperméable mouillé, a toutes les incompétences, toutes les faiblesses, il est en tout point inférieur aux belles créatures qu'il doit détruire, alors il en prend plein la gueule jusqu'à enfin triompher sans gloire, mais survivre.

Il change d'avis en cours de route, perd de vue sa mission, finit par l'accomplir mais imparfaitement, et donc s'accomplir lui-même. L'être humain est humain par ses imperfections, les androïdes parfaits se brisent comme des cristaux là où l'homme ne fait que se blesser, là où il se répare et change. L'homme est plastique. Quelle est la perfection de la plasticité ? La question n'a pas de sens.

L'autisme comme perfection

Qui n'a rêvé d'un corps parfait ? Ou même, puisqu'on en parle comme d'une possibilité, d'un corps augmenté. Un corps qui non seulement ferait bien, mais mieux, et même qui ferait encore mieux ce qu'on n'imagine même pas faire.

Quand, dans un cours sur les propriétés du cerveau, je parlais à mes élèves des capacités hors de l'ordinaire des autistes, ils en restaient rêveurs. Car si certains se contentent de compter très bien ou de calculer très vite, ce qui est de peu d'usage dans la vie quotidienne, d'autres ont une mémoire parfaite de ce qu'ils lisent à toute vitesse, ou bien sont capables de dessiner minutieusement un paysage après l'avoir vu une seule fois. Ainsi, Stephen Wiltshire, après avoir survolé Rome ou New York pendant une heure, est capable d'en dessiner le panorama, pâté de maisons par pâté de maisons, fenêtre par fenêtre, reproduisant le nombre exact d'arcades du Colisée, le bon nombre d'étages de l'Empire State Building, le tout avec une perspective parfaite, et l'on peut superposer une photo à son dessin : tout correspond. On ne sait pas comment il fait, lui non plus ; il le fait.

Les élèves à qui je montrais ce documentaire, rêveurs, tout imprégnés qu'ils sont de culture manga et de rêves de superhéros, de ces fantasmes transhumanistes qui circulent entre l'imaginaire et le presque réel, me demandaient toujours : « On ne pourrait pas développer notre mémoire, pour qu'elle devienne comme ça ? » Je sentais leur envie d'un tel superpouvoir, leur espoir que je réponde oui, même en ajoutant un « bientôt ». Mais hélas, non. En tout cas je n'en sais rien. Le cerveau humain peut ça, en effet. Mais il le peut au prix de sacrifier d'autres fonctions : empathie, synthèse, créativité, les fonctions proprement humaines sont alors à l'abandon. Comme s'il y avait vases communicants entre mémoire et pensée, ce qui me rassure car je n'ai que peu de mémoire, et elle est imprécise. Je sentais bien que ça les décevait. Je sentais bien que cela leur paraissait infiniment désirable de retenir le contenu d'une page en un clin d'œil, d'apprendre une langue en une nuit, de réviser leurs cours en un quart d'heure, de retenir tout, de ne rien oublier, et de voir à travers les murs.

Alors je leur expliquais que l'oubli est une fonction précieuse, que ce n'est pas un défaut de la mémoire, mais c'est ce qui permet de la sculpter. On se souvient de ce qui se répète, de ce qui est inhabituel, de ce qui est investi émotionnellement ; le reste, c'est à jeter, pas la peine, ça encombre, ça empêche d'avoir une vision structurée du monde, une vision synthétique qui permet d'en tirer des règles, du sens, des projets. Tout garder ne sert à rien, et on le voit bien :

ceux qui gardent tout en souffrent, et n'en font rien. Borges l'a écrit, dans *Funes ou la mémoire*[1] : le jeune homme affligé d'une mémoire absolue en est réduit à rester dans sa chambre et à espérer la nuit pour ne pas être englouti par le flot de souvenirs que produit chaque seconde ; et de tout son savoir il ne fait rien, invente des langages absurdes où chaque objet a un nom singulier, où l'idée de table n'existe pas puisque chacune est différente et nécessite un nom qui lui soit propre. Perdant l'oubli, il perd le langage, l'intelligence, et la paix.

---

1. Jorge Luis Borges, Gallimard, 1974, coll. « Folio ».

Jamais là, toujours une excuse

Dans ce lycée où j'enseignais, comme dans tous les lycées, la note ultime de vingt sur vingt inspirait une terreur sacrée. Professeurs, nous en disposions mais ne l'utilisions jamais, nous pouvions l'inscrire en haut de la copie, nous en avions le droit, mais un tabou très efficient, jamais exprimé, empêchait notre stylo rouge d'en tracer le chiffre.

En photocopiant un sujet de devoir, j'entendis une jeune stagiaire se faire reprendre par une collègue expérimentée, qui lui disait : « Non ! on ne met pas *VINGT* à une copie de français ! » Elle l'engueulait comme si elle avait commis une affreuse transgression, un acte inconséquent, une faute tout à la fois professionnelle et morale.

« On ne met pas vingt, parce que ce n'est jamais parfait ! » disait-elle, et dit-on en général. Mais parfait, ce serait quoi ? Alors, faute de pouvoir répondre, je me suis mis à mettre des vingt quand il le fallait, l'engueulade dans le local de la photocopieuse avait porté ses fruits. Je me suis demandé pourquoi ce tabou, dont la transgression faisait sortir de ses gonds une femme mûre, élégante, mesurée, en tailleur strict et clips d'oreilles dorés. Un tel débordement pour si peu, et si mal argumenté, ne devait avoir de causes qu'irrationnelles. Si la copie atteint ce que l'on attend, pourquoi mettre moins ? Si la copie remplit toutes les attentes consignées dans le barème, pourquoi mettre moins ? Si je ne pouvais faire mieux, pourquoi mettre moins ? Pourquoi pense-t-on qu'il est professionnel et exigeant de se caler sur un modèle inatteignable, fuyant, impossible ? Alors, quand ça correspondait à l'attente raisonnable que je pouvais avoir, quand je n'aurais rien pu rajouter pour que ce soit mieux, quand je ne pouvais trouver d'autre défaut que des bricoles que j'aurais rougi de signaler, je décidais de mettre vingt, et mon stylo rouge, libéré du terrible tabou, le traçait sans peine : un deux et un zéro ! aaah ! une barre, et puis un deux et un zéro ! hop ! ouf ! ça me faisait du bien. Quand je rendais la copie, un murmure parcourait la classe, surprise de la note, admiration du gagnant, soupçon amusé de mon brusque relâchement moral. Je leur rappelais chaque fois que la seule perfection possible était de correspondre au barème, à la demande, à ce qu'ils devaient savoir, et que je leur enseignais. Au-delà, on entrait dans l'éther de l'irrationnel, ou dans les marécages de la violence sociale ; je préférais noter sur des critères explicables.

Parce qu'elle est où la perfection ? Jamais là. Et malgré tout, on lui trouve toujours des excuses. Ce serait parce qu'on n'a pas fait les efforts nécessaires, pas assez, pas assez longtemps, parce que ce n'est pas possible, parce que la perfection n'existe pas sur cette

Terre, parce que l'Homme, pauvre pécheur, ne saurait l'atteindre, ni même la concevoir, c'est toujours dit avec un sourire modeste, un léger aveu d'impuissance qui dissimule mal le fantasme d'y parvenir, voire le rêve d'y être. Devant ces excuses, on croirait un ado qui n'a pas fait ses devoirs : jamais à l'heure, jamais fini, toujours une raison. On justifie l'inatteignable par notre faiblesse, mais il faudrait plutôt prendre au sérieux cette idée que la perfection n'existe pas. Ce n'est pas parce que le monde est défectueux, ou que nous sommes de pauvres créatures qui n'en seraient pas dignes : la perfection n'existe pas parce qu'elle n'existe pas, parce que c'est un état qui n'a aucun sens, un état qui n'a aucun être, pas même en puissance. Le corps est, la perfection n'est pas. Il ne faut pas tout mélanger. Le vrai est, aux côtés du réel ; et le fantasme n'est pas, même s'il est parfois agréable de le rêver.

La revanche de l'entorse

Neymar est blessé ! Le meilleur footballeur du monde est à terre. Et si ce n'est pas le meilleur, c'est le plus cher sur le marché des transferts. L'homme qui à lui tout seul gagne un match ! Étendu sur la pelouse. L'homme qui hisse son équipe au niveau supérieur du championnat ! Souffrant, sur le dos. L'homme payé deux cent vingt-deux millions d'euros pour jouer à Paris, marquer des buts, remporter des coupes, tout gagner ! Il est blessé au pied. Et on le répare en lui installant une vis dans le métatarsien qui a lâché, pour qu'il continue à jouer. Pour l'instant il est au repos, et ce soir son équipe perd, c'est bien ce qu'on disait. Le superhéros est vaincu par une entorse. En pyjama et alité, il regarde la défaite sur l'écran au bout de son lit, alors que son superorganisme lentement se répare, beaucoup moins vite que dans un film de science-fiction où le petit grouillement des nanorobots recoud tout en quelques instants, et dans le film, l'aventure reprend ; à l'hôpital, même excellent, ça va beaucoup moins vite.

Le footballeur se répare difficilement. Entraînement poussé, grandes manœuvres financières, performances exceptionnelles, forme parfaite, corps parfait, jeu parfait, et tout s'effondre par une entorse, le corps lâche, l'homme tombe. Le corps est forgé, canalisé, développé, performisé, il jongle avec un ballon comme s'il le contrôlait par la pensée, il le place à cinquante mètres dans la lucarne en retourné acrobatique, il génère des millions d'euros de droits télévisuels et de vente de produits dérivés, et il lâche sur une entorse, la même que Mamie qui dérape dans la salle de bains.

Le corps sportif est à la limite, il n'est pas fait pour les acrobaties que l'on prête sur le papier aux superhéros. Il peut le faire mais il se consume. La performance se paye d'une extrême usure, le corps flambe comme un satellite qui rentre dans l'atmosphère, et puis il s'écrase. Hors caméra, les cyclistes meurent d'infarctus, les athlètes ont des cartilages usés comme s'ils avaient soixante-dix ans, les judokas ont des vis dans les os pour tenir leurs articulations qui au moindre choc sortent de leurs alvéoles.

On a calculé les performances théoriques d'un corps humain, c'est de la biomécanique, rien de compliqué, et pour beaucoup de sports, le résultat correspond aux records déjà obtenus. Pour faire mieux, continuer de générer des droits télé, il faut un autre corps.

De la même façon, des ergonomes ont calculé les meilleurs gestes pour effectuer des tâches industrielles. Dans les entrepôts où l'on prépare les commandes en vue des livraisons, les employés qui vont et viennent entre les rayons chargés de boîtes et de carton ne le font plus à leur gré : une machine a optimisé leurs trajets, leurs gestes, elle les leur dicte et ils lui obéissent car ils ne sauraient faire mieux que le calcul objectif. Alors ils se blessent, le corps lâche, ils portent trop de tonnes pour un corps humain, ils ne disposent plus de ces instants vides où le corps respire, se détend et se reconstitue, car la machine jamais ne se détend et ne comprend même pas cette idée de récupération, ce ne sont pour elle que des plages vides qui peuvent être remplies ; alors les employés s'usent, se blessent, s'arrêtent, se mettent en maladie, puis partent en invalidité avec leur corps abîmé et sont remplacés, ce qui n'a pas d'importance puisque le corps humain garde sa capacité de génération : de nouveaux employés au corps intact viennent occuper la place, la multiplication des corps compense l'usure de chacun. Les exigences de productivité dépassent les capacités d'un corps, elles le maltraitent, l'usent et le détruisent. Le corps humain n'est pas fait pour la performance, mais pour l'équilibre. Mais comme il est adaptable, si on l'exige il se prête gentiment à la performance, au prix de son sacrifice.

Transhumanisme contre dysmorphophobie

Le transhumanisme n'est pas un sujet. Il est étrange que l'on veuille en discuter sérieusement, que l'on en écrive des livres de réfutation, que l'on en tienne colloque contre, toujours contre, tout ce qui pense est contre, car le transhumanisme lui-même ne pense pas. Il n'en a pas besoin, il n'en a pas même l'idée, il se promeut. Toute cette pensée contre, c'est faire bien trop d'honneur à un corpus flou qui oscille entre fiction scientifique, argumentaire-produit, et publicité mensongère; au sens où sont mensongères les publicités pour les cosmétiques, présentées par des mannequins en blouses blanches qui font semblant pour le film d'être des chercheurs qui ont trouvé la crème qui efface le temps.

Le téléchargement de l'esprit, dont on feint de croire qu'il est inévitable, voire même en cours, est une idée de science-fiction, au sens purement romanesque du terme, qui n'est basée que sur un malentendu sémantique à propos de la notion d'information : un cerveau traite de l'information, un ordinateur traite de l'information, on doit pouvoir passer de l'un à l'autre puisque c'est le même mot. Ben non : les systèmes sont incompatibles, la notion d'information ne recouvre pas la même réalité dans les deux cas, leurs modes de traitement sont incommensurables. « Télécharger un cerveau humain signifie scanner tous les détails essentiels et les installer ensuite sur un système de calcul suffisamment puissant. Ce processus permettrait de capturer l'intégralité de la personnalité d'une personne, sa mémoire, ses talents, son histoire », explique Raymond Kurzweil, ingénieur et cadre de Google. La phrase a l'air sensée, mais chaque mot est une approximation discutable, qui au fond ne veut rien dire. Par contre, seul Google dispose de ce « système de calcul suffisamment puissant », et la futurologie sert ici de déguisement à une valorisation, au moins imaginaire, de l'outil industriel.

Google, encore, propose le séquençage de l'ADN d'un individu comme service de médecine prédictive, mais l'idée n'est qu'une extrapolation de ce que l'on croit pouvoir faire. Actuellement, et pour longtemps encore, pour toujours peut-être, le séquençage ne permet que de donner des variations de probabilité de survenue de quelques maladies, probabilités dont on ne sait pas trop quoi faire. Se surveiller ? Mais si l'on ne porte pas les marqueurs associés à une augmentation de probabilité des maladies en question, il faut se surveiller quand même car probabilité et possibilité ne sont pas la même chose : sans marqueur on peut tout aussi bien tomber malade.

Mais il ne s'agit pas de protéger, il ne s'agit pas de vendre des soins : si la technique n'a que peu d'efficacité médicale, elle a l'intérêt psychologique de promettre une connaissance de soi-même, comme l'astrologie, et puis ce discours enthousiaste a une efficacité commerciale : il permet de vendre des tests.

Dans un roman qui est une sorte de publi-reportage désinvolte pour son auteur, quelques laboratoires et centres de remise en forme, on trouve ce dialogue, entre l'écrivain qui cherche à *guérir de la mort*, et un chercheur qui justement y travaille :

« J'irai droit au but. La transplantation de cellules souches guérit-elle déjà des malades ?

— Oui : on rêve de soigner Alzheimer, Parkinson, le diabète, la leucémie[1]. »

Tout est là, tout le problème du transhumanisme, dans le petit saut que l'on ressent en lisant la réponse du chercheur. Il dit *oui*, il répond *non*, en liant les deux par un deux-points qui est censé annoncer l'évidence,

1. Frédéric Beigbeder, *Une vie sans fin*, Grasset, 2018.

en espérant sans doute que personne ne sente la saccade lors du passage brusque d'un mode de réalité à l'autre, le passage du *oui* au *on rêve*, de l'affirmation claire et nette à la simple possibilité, comme si elles étaient la même chose, dans le même espace, sans solution de continuité. Oui il y a du concret : on rêve. Toute la nature du transhumanisme tient dans ce signe typographique : proclamer l'existence d'une réalité tissée d'imaginaire, faire croire que c'est la même chose.

Le transhumanisme n'est pas un sujet, mais il agit sous sa forme faible : la croyance en la perfection, en l'excellence, au sport d'entraînement et de développement, à la diététique de pointe, aux drogues non récréatives. Délire culturiste, implants de silicone, détournement de médicaments à des fins d'augmentation de performance : l'homme augmenté existe déjà, le transhumanisme est seulement son extrapolation, son récit de science-fiction, tout comme les romans d'extraterrestres, d'apocalypse et de voyages spatiaux, ne font que raconter en se décalant dans la fiction le monde où ils ont été écrits.

En miroir de son reflet romanesque, la dysmorphophobie fait des progrès. Elle se répand, tout un secteur économique se construit en l'accueillant avec une bienveillance hypocrite : oui, vous n'êtes pas assez musclé, pas assez grand, trop gros. Votre sexe est trop petit, vous dormez trop, vous ne jouissez pas en permanence. Ce sont des faiblesses que vous pouvez surmonter, voire des maladies dont vous pouvez guérir.

L'homme est un prodige d'équilibre et d'adaptation, il est une singularité vivante, mais on invente, entre angoisse et commerce, un homme holographique, une image sans corps où tout est poussé à fond, vers le mieux, vers le meilleur, jusqu'où ? Toute particularité devient une maladie : petits seins ou petits pecs, hyperactivité ou petite taille, tristesse passagère ou manque d'amis, tout est à soigner et on a les médicaments pour ça, ou les implants, ou les techniques ; et surtout le discours.

Le transhumanisme n'est pas un sujet, mais discrètement la dysmorphophobie qui est son ombre devient un état d'esprit qui se répand, sans que personne ne connaisse même le mot. Plus le perfectionnement semble possible, plus l'absence de perfection est douloureuse. Comme si de savoir que l'on pourrait acheter un navire très rapide rendait de plus en plus douloureuse l'impossibilité de toucher l'horizon.

Le transhumanisme est un argumentaire qui emprunte à la science-fiction, dont la cible est l'angoisse dysmorphique. Son but est de vendre des techniques, des produits, des tests, quelle que soit leur efficacité, tout en tenant un discours enthousiaste qui dissimule leur rôle réel, au profit d'entreprises dont l'activité principale est de vendre du vent. Car le vent, et surtout le sens du vent, par le truchement des cours boursiers, est valorisable.

Don Quichotte et Cap'taine Crochet

Dans les années 1660, Spinoza écrivait ceci :

« Personne n'a jusqu'ici déterminé ce que peut le corps, [...] personne jusqu'ici n'a connu la structure du corps assez exactement pour en expliquer toutes les fonctions. En outre, personne ne sait de quelle manière ou par quels moyens l'esprit met le corps en mouvement, ni combien de degrés de mouvement il peut lui imprimer, et avec quelle vitesse il peut le mouvoir. D'où suit que les hommes, quand ils disent que telle ou telle action du corps a son origine dans l'esprit qui a de l'empire sur le corps, ne savent ce qu'ils disent et ne font qu'avouer ainsi en termes spécieux qu'ils ignorent la vraie cause de cette action et ne s'en étonnent pas[1]. »

Atteignant les années 2020, on n'a pas beaucoup progressé : on ne sait toujours pas vraiment ce que peut le corps et ceux qui affirment que telle ou telle action a son origine ici ou là dans le cerveau ne savent pas ce qu'ils disent.

Nathanaël Jarrassé, chercheur à l'*Institut de systèmes intelligents et robotiques* — je ne résiste pas au plaisir de citer un si bel intitulé — fabrique des prothèses mécatroniques, des membres robotiques qui seraient commandés par l'esprit et soutiendraient le corps blessé.

« Vous travaillez à l'homme augmenté alors ?

— L'augmentation est à mes yeux une construction idéologique et mythologique,

1. Spinoza, *Éthique Livre III*, Gallimard, 1964.

dit-il. Toute personne démunie de culture technique se tourne vers des mythes qui sont à l'opposé de la connaissance. Il y a un décalage entre l'imaginaire et la réalité, une sorte de combat idéologique qui dépasse le cadre de la recherche et de l'application réelle. À un moment ou à un autre la production de science-fiction influence l'utilisateur final du dispositif. Et certains en souffrent car ils voient le décalage entre l'imaginaire social et l'état réel de la technique. Les prétendus hommes bioniques sont des athlètes, des experts entraînés : derrière toute démonstration, il y a beaucoup de technologies, beaucoup d'entraînement, et toute une équipe.

— Oui, mais si on perfectionnait[2] ? »

Il y a du Quichotte chez tout rêveur d'homme augmenté : nourri de science-fiction, il se coiffe d'un plat à barbe renversé, enfourche Rossinante, et il part en quête de l'accomplissement, dont il ne doute absolument pas. Devant une main robotique,

2. Nathanaël Jarrassé, « La robotique et le mythe de "l'homme augmenté" », Revue *Études*, février 2018.

il voit l'homme plus fort, plus puissant, l'homme enfin parfait. Mais cette main qui peut serrer très fort ne sait pas coudre ; quant à jouer de la contrebasse, elle pourrait si on la reprogrammait, mais alors elle ne saurait plus serrer.

Oui, mais si on perfectionnait ?

On peut toujours le rêver. Une main robotique qui serait exactement comme une main humaine ? Mais ce serait une main humaine, organique, née, entraînée toute une vie. La main robotique construite et ajoutée est un outil plus qu'une augmentation, c'est une pince complexe fixée au bout du moignon, c'est un perfectionnement électronique du bras du Cap'taine Crochet.

Oui, mais si on perfectionnait ? Elle est robuste, la rêverie d'un progrès vers la perfection. Elle est visiblement mal adaptée à ce que nous vivons, mais elle résiste à toutes les réfutations que lui inflige la réalité. Il y a collision permanente, chaque jour, entre cette idéalité que l'on aime tant, parfaite pour les mathématiques, et la vie. L'idéalité, si efficace quand il s'agit du cercle ou du carré, quand il s'agit d'idées éternelles et immobiles, est si valorisée qu'on l'excuse toujours de ne pas correspondre à la vie mouvante et fugace, et on réprimande discrètement la vie, comme on reprocherait à un poisson de mal marcher, ou à une poule de voler avec une maladresse ridicule. Étrangement, on fait toujours le reproche à la vie d'être vivante, et pourtant elle est notre vrai pays.

Mépris amusé de toutes les perfections

« Ce n'est pas parfait, mais... », dit-on machinalement avec un sourire entendu, de manière à se garder de toute affirmation trop heureuse, à se défendre de tout utopisme naïf qui ferait rire, de tout laxisme vis-à-vis de la méfiance de rigueur, de manière à se conformer à l'obligation sociale de n'être pas dupe. Alors on le dit encore une fois : « Ce n'est pas parfait, mais... » Mais justement, parfait, ce serait quoi ?

Le mot le dit en lui-même : parfait, *perfectus*, participe passé adjectivé de *perficere*, « faire complètement, achever », *per-facere* : c'est l'état de ce qui a été complété, qui a été mené à son terme, achevé. Pour l'être vivant que nous sommes, c'est l'exacte définition de la mort, la mort non pas comme événement mais comme état éternel et immobile qui suit l'acte de mourir, état qui ne nous concerne plus, nous les vivants.

Il n'est rien dans le vivant qui corresponde à un tel état, sauf à sortir du vivant. L'idée de perfection est une idée idéale, l'idée d'une idée, une vue de l'esprit, c'est une expérience de pensée étrangement obsédante pour une idée qui ne correspond à rien en nous, à rien autour de nous : c'est l'idée d'une idée abstraite, comme une étrange pulsion d'éradication de ce que nous sommes. Nous rêvons d'être des machines mortes, des réplicants, des statues de pierre; nous ne croyons, hélas, pas beaucoup en nous.

Parfait, parfaire… mais au-delà du faire il n'y a plus rien à faire, on serait alors dans un espace mort dont le silence effraie, car que signifie ce moment où le faire est aboli, le processus achevé, sinon la mort ? Pour la vie, la perfection n'a aucune importance, pas plus que n'en a la mort : nous n'y serons pas. N'y pensons donc pas.

Mon chat est un génie universel

Mon chat est très vivant, vif, souple, aux aguets, le plus vivant possible, et il a une passion pour les jets d'eau ; mais rien de grandiose, le jet du robinet à bas débit lui convient. Il peut rester très longtemps assis dans le lavabo à regarder la veine d'eau qui s'écoule sous son nez, il prend un air de profonde réflexion, sa volonté toute tendue vers l'élucidation, et parfois, pensif, il donne un coup de patte à travers le jet, il essaie de l'attraper avant qu'il ne disparaisse par la bonde, il essaie de le mordre sans succès ;

le jet continue de couler tout droit, tressé de tourbillons comme une corde infinie qui disparaît quand on la touche et revient quand on la regarde. Mon chat est passionné par ce quasi-objet, ce mouvement qui ne s'incarne pas tout à fait, et il essaie de comprendre quel être est là, présent et pas présent, infatigable et insaisissable.

Léonard de Vinci aimait l'eau lui aussi, surtout les tourbillons, et comme mon chat il passait des heures à les regarder, à les dessiner, à essayer de les comprendre, à trouver comment les utiliser par des constructions et des machines[1]. On a de lui des pages de carnets couvertes de dessins de tourbillons, de turbulences, de ronds dans l'eau autour de jets de fontaines, de chevelures bouclées et de touffes d'ornithogales, et même un plan de la ville d'Imola sur les bords du Santerno, qui met en regard la ville géométrique et les méandres du fleuve, l'ordre orthogonal et le caprice furieux. Pour figurer le fleuve, il ne s'est pas contenté d'un long aplat bleu, il a

1. Patrick Boucheron, *Léonard et Machiavel*, Verdier, 2008.

représenté avec soin toutes les veinules du courant, et le sable qui s'accumule en petites plages à tous les coudes que fait le flot ; il a prêté autant d'attention à l'impalpable mouvement qu'au tracé précis des rues. Dans un de ses carnets une double page montre un vieillard assis, qui pourrait être Léonard lui-même, longue barbe, toge et bâton de marche, la bouche tordue vers le bas d'un air de perplexité, qui scrute sans comprendre une série de tourbillons qui contournent des obstacles. On croirait mon chat assis dans le lavabo.

« L'eau est à la terre ce que le sang est au corps : le voiturier de la matière », écrivait Léonard de Vinci dans un de ces carnets où voisinent l'ingénierie, l'esthétique et le démon de l'analogie, qui lui fait voir tout en tout et réciproquement, mais c'était en son temps la meilleure science dont on pouvait disposer, une science des rapports, des liens et des miroirs, et ce qu'il en reste maintenant est du ressort de la littérature : sentir les signes, polir des images qui reflètent ce que l'on pressent, combiner des reflets pour le dire. Et espérer que par là une forme de vérité qui soit accessible à l'homme se révélera.

Léonard de Vinci, dans ses croquis, dessins, peintures, saisit l'eau en sa forme reine, le tourbillon, où « telle, unie en elle-même, elle tourne en continuelle révolution. De ça, de là, en haut, en bas, courant, jamais elle ne connaît de quiétude, pas plus dans sa course que dans sa nature ; elle n'a rien à soi, mais s'empare de tout, empruntant autant de natures diverses que sont divers les endroits traversés. »

Qu'est-ce que l'eau puissante et sensible ? La meilleure représentation du vivant. Henri Atlan plaçait le vivant « Entre le cristal et la fumée » : et justement entre le rigide organisé et l'impalpable qui se délite, il y a l'eau. Le cerveau, plus qu'une armoire électrique, avec des millions de fils minutieusement connectés les uns aux autres et enfermés dans une boîte en fer, gagnerait à être représenté comme un réseau fluide, un cristal liquide, une masse plastique et sensible, qui en permanence serait à l'écoute, et en permanence se déformerait pour adapter sa configuration, comme l'eau de Léonard

« qui s'empare de tout ». Quelle serait alors la perfection d'un tel objet ? Sa justesse, son adéquation, sa malléabilité ; son mouvement perpétuel et changeant ; et la robustesse d'un élan qui continue toujours. C'est sans doute ce que regarde inlassablement mon chat : le vivant à l'état absolu, la souris cosmique, le jeu suprême qu'il ne parvient pas à attraper ; et ça, il ne le comprend pas, et il ne peut s'en détacher.

Instable, donc durable

On l'a mesuré ; et étrangement un cerveau qui pense consomme à peine plus d'énergie qu'un cerveau au repos. Le cerveau agit en permanence, il est toujours aux aguets, quitte à radoter. La pensée n'est pas la mise en marche d'une machine qui serait sinon endormie, mais l'apparition d'un *clinamen* au sein d'une cataracte permanente, une légère déviation du flux, qui crée des tourbillons. Le cerveau consomme en permanence vingt pour cent de l'énergie d'un corps, alors qu'il ne représente que deux pour cent de son poids ; mais ce qui consomme tant d'énergie, ce n'est pas le clinamen, c'est la cataracte. L'avantage d'un cerveau si coûteux, toujours sous pression, en marche, piaffant, est d'être vif, réactif, prêt à bondir, prêt à penser parce que toujours en train de penser, au risque de se tromper ou de penser n'importe quoi, mais c'est plus efficace que de démarrer une machine au moment où on en aurait besoin. Le monde est si instable et si rapide qu'il faut être instable et rapide pour y survivre. C'est l'instabilité du cerveau qui fait sa puissance, c'est l'imprécision de la pensée humaine qui permet sa merveilleuse adaptation. Les avions de chasse, selon la même idée, sont construits de façon à être instables : il faut les manœuvrer en permanence, ils répondent à tout, ils doivent réagir dans l'instant à toute surprise, tout danger, toute opportunité. Leur instabilité pourrait paraître un défaut, mais elle est une qualité, coûteuse mais essentielle. Les pilotes en sortent épuisés, mais vivants.

Notre corps instable nous dirige au mieux dans le monde mouvant où nous avons été jetés, notre corps imparfait est notre meilleur guide dans une réalité faite de tout ce qui arrive, et donc de surprises, notre imperfection en elle-même est efficace. L'efficience dans un monde mouvant, pour nous les vivants, tient à la justesse de nos mouvements improvisés plus qu'à la performance.

Quand il sera nécessaire de produire une pensée précise, ce sera alors un travail difficile, totalement contre nature ; mais nous pouvons le faire, aussi.

Les machines parlent aux machines

La qualité technique du cinéma me dépasse. J'en ai eu le sentiment en voyant *Le Hobbit* de Peter Jackson : trop de pixels, trop de netteté, jusqu'à provoquer une sorte de malaise. J'avais l'impression d'un film destiné non pas à mes yeux et à mon esprit, mais à des yeux bioniques que je n'avais pas et à un module de traitement de données que je n'avais pas non plus. Je ne possédais rien de plus qu'un cerveau humain, et il m'était donné de voir un film pour système d'observation satellitaire.

Le film a été tourné en *haute fréquence d'images*, quarante-huit images par seconde contre les vingt-quatre habituellement, car si l'image est prise plus vite elle enregistre moins de flou dans les scènes de mouvement, ce qui pour un film d'action semble une bonne idée. Jackson, ravi de son petit perfectionnement, explique à qui veut l'entendre qu'il s'agit d'un changement comparable « au passage des disques vinyle au CD numérique ». Une amélioration, quoi. La totalité de l'image est nette, avant-plan, arrière-plan, la totalité baignée d'une clarté étrange où l'on distingue tout dans son détail, tout est là, tout est exposé cliniquement sous la lueur sans ombre du scialytique, on croirait la vision de Gulliver quand il est chez les géants de Brobdingnag, ce moment pénible, cette vision d'horreur où chaque poil est visible, les trous de nez sont des gouffres exhalant des tourbillons, et l'odeur, l'odeur ! est aussi à l'échelle. Personne, aucun être humain ne voit comme ça. J'étais traversé d'un flux d'informations excessif, j'assistais à un film qui ne me concernait pas, qui, finalement, n'avait pas besoin de moi pour exister. J'en conçu un certain ennui, malgré l'action trépidante.

Jean-Pierre Beauviala, amateur de cinéma et inventeur de caméras, raconte quelque chose de semblable en sortant de la projection d'un film tourné en numérique : « Sans doute me serais-je moins ennuyé si les personnages n'avaient pas tous des visages de cire. »[1]

L'être humain, ce grand singe forestier habile à interpréter les signes, n'a pas besoin de voir beaucoup pour percevoir l'essentiel. L'image n'est qu'un matériau d'où il extrait du sens, et il est naïf de penser qu'en percevant plus de détails on percevrait plus de sens. Beauviala est un inventeur, bricoleur, humaniste, il veut rester au plus près de l'homme. Alors il invente une caméra numérique telle que l'on n'avait jamais pensé en faire. Il renonce d'abord à l'écran de visée, il revient au viseur reflex optique qui permet de voir directement à travers

1. *Télérama*, 4 janvier 2013.

l'objectif, et non pas par la médiation d'une image déjà traitée, ce qui, dit-il, « assure une intimité incomparable avec les personnages filmés ». Et puis il invente un système qui dégrade sciemment l'image : le capteur de lumière est fixé sur un cadre de titane souple qui le déplace aléatoirement d'un demi-pixel à chaque image, mimant ainsi la disposition et la taille aléatoire des grains d'argent sur la pellicule classique. Par ce moyen compliqué, il redonne une rugosité à l'image numérique trop précise et trop régulière, il la rend plus proche d'une vision humaine qui fait avec ce qu'elle a, avec ces bouts de chair sensible qui lui servent à voir. « Le cinéma n'est pas une reproduction naturaliste mais une interprétation de la réalité, dit-il. Il faut sentir la présence physique de l'acteur, mais pas trop. » Trop d'information noie sans doute notre capacité d'y donner sens.

Et il cite Rivette et Renoir qui conversent à propos de la tapisserie de Bayeux, son dessin grossier, ses gros fils, ses quelques couleurs, œuvre rustique et subtile qui produit un sentiment extraordinaire de force et d'émotion ; et quand plus tard on a développé les tapisseries de haute lisse avec de fins fils de soie et des milliers de couleurs, on a seulement créé un art pompier, qui a disparu. Il est possible que nous n'ayons pas besoin de tout pour percevoir le sens.

La machine rangée sur l'étagère

L'ordinateur joue aux échecs ? Mieux que l'homme ? Il le bat à chaque fois, et a vaincu le meilleur champion de tous les hommes ? Sans doute, mais allez demander à cet ordinateur qui vient de vous battre de continuer au go, à la belote, à la marelle ou à cache-tampon, proposez-lui d'aller prendre un café pour s'expliquer, de continuer autour d'un verre pour rigoler, et puis d'aller ensuite au cinéma, proposez-lui un tour de VTT dimanche prochain, et il ne comprendra même pas la proposition.

Alors que n'importe quel humain pourra le comprendre, répondre oui ou non, et s'il le souhaite il le fera sans difficulté. Alors plutôt que de craindre Terminator et de croire que le monde humain est fini, dévoré par des machines plus performantes, on peut retourner jouer aux échecs entre nous, jouer avec plaisir pendant que la machine prend la poussière sur une étagère du grenier, sombrant peu à peu dans l'oubli de l'obsolescence. Parce que jouer, c'est quand même pour jouer.

Nous croyons aux machines, et nous leur confions notre accès au réel car elles ne se trompent pas dans leurs calculs. Ça nous inspire confiance, que deux et deux fassent toujours quatre. Jamais l'homme à cervelle molle ne calculera aussi bien, ni surtout aussi vite, par le simple fait que dans le marécage neuronal le signal se traîne à la vitesse d'un mètre par seconde, ce qui est bien suffisant pour faire rapidement le tour d'un crâne ; alors que dans les connexions d'une puce, en une seconde le signal parcourra deux cent mille kilomètres dans un espace d'un centimètre carré, il fera une infinité d'allers-retours dans une frénésie qui permet des calculs minutieux ; c'est un peu radoteur, mais c'est précis.

Oh ! comme le calcul parfait nous semble enviable ! Aucun homme n'y parvient car il est une machine imparfaite, trop lente, toujours plaintive, qui tombe facilement en panne. Face à la machine péremptoire, que reste-t-il à l'homme ? Son grand corps de singe. On prétend naïvement qu'aucune machine ne compose de symphonie, n'écrit de poèmes, ne peint de tableau ; mais la plupart des hommes non plus. Si l'humanité n'était formée que de ceux capables d'une grande œuvre, elle tiendrait tout entière dans une petite barque. Après délégation du calcul aux machines, il reste aux grands singes que nous sommes la part organique et dégoûtante de la pensée. La machine n'y peut accéder car en elle tout est sec, rien n'y est humide, rien n'y est tropical sinon elle rouillerait, court-circuiterait, s'éteindrait. Nous sommes intérieurement tropicaux, il reste à l'homme son cerveau humide et son corps tiède, les petits coups de langue sur la peau au goût de sel, les caresses maladroites et les jappements de joie ; il ne reste que la recherche à tâtons de l'autre, à travers les frissons qui agitent la peau, qui la parcourent comme une houle, qui la recouvrent de voiles troublants agités de courants d'air, et ces voiles tièdes il faut les écarter pour approcher, approcher l'autre que soi, l'autre tout comme soi, l'autre tout contre soi ; l'approche est très douce. C'est cela qui nous reste, car c'est cela notre vie.

Dans le monde devenu flux de données, il nous reste notre grand corps de singe, rien d'autre, pas plus, pas moins, il nous reste notre grand corps de singe sentimental que nous essayons de cacher, que nous essayons de brider, de maîtriser, de tenir à distance, notre corps qui sent et qui pète, notre corps qui s'émeut pour rien, notre corps si faible qu'il faut chaque jour l'endormir, le laver et l'alimenter, notre corps qui nous exaspère, notre corps de mammifère apeuré qui tremble, qui s'énerve vite, qui se décourage vite, notre corps mou qui exulte puis s'effondre, notre corps qui s'épuise, qui pleure pour ses blessures, qui pleure pour une caresse, qui pleure parfois pour rien. Il ne reste de nous dans ce monde dissout que cette petite boule de poils tièdes qui rit et qui sanglote. Et ceci, si fragile, est capable de tout, de tous les actes, de toutes les pensées et de toutes les réalisations, même de construire des machines qui porteront pour lui, qui entendront pour lui, qui calculeront pour lui.

Esprit d'escalier

C'est une manie, logée dans mes cuisses : chaque fois que je descends un escalier, je trottine, et puis je m'emballe, et je dévale les marches deux par deux si possible. C'est irrépressible : l'escalier s'ouvre, je m'y engouffre, et avec une joie enfantine je le dévale. Je ne vois pas comment descendre un escalier en marchant pas à pas, et je regarde ceux qui le font avec perplexité, comme s'ils réalisaient une acrobatie que je ne savais pas imiter. Mes pas résonnent en une longue rafale jusqu'en bas, j'en ressens une joie d'enfant. Exactement. Car c'est de ça qu'il est question : de descendre comme je le faisais des escaliers de l'immeuble où j'habitais, quatre étages en béton blanc, un béton fin et sonore qui résonnait bien, une cage d'escalier éclairée de blocs de verre dépoli, et moi qui descendais les marches deux à deux, et tâchais d'en sauter trois à la fin, tentant de dévaler par trois à mesure de ma croissance, et d'en sauter alors quatre à la fin, mais me recevoir sur mes cuisses pliées pour amortir le choc me ralentissait. Descendre à toute vitesse était mon bonheur, je prenais le virage de chaque palier en m'accrochant bras tendu à la rampe, j'étais pierre de fronde au bout de sa corde et je dévalais la volée suivante deux par deux. Pendant des années j'ai entraîné mes petites jambes à descendre vite, j'éprouvais une joie physique de descendre vite, comme une conquête, un entraînement, une métamorphose. Et puis j'ai déménagé. Mais vivre laisse des traces, elles sont logées dans les muscles, dans les gestes, et dès que s'ouvre devant moi un escalier, sans réfléchir je frémis, mes pieds s'agitent et m'emportent, je le dévale en trottinant. Et chaque fois me revient le souvenir de la cage d'escalier large et lumineuse en béton sonore, mais c'est le geste qui revient d'abord, l'accélération, la tentation de descendre deux par deux, de sauter à la fin, pour un homme d'âge mûr c'est étrange, j'en souris inexplicablement, et l'image revient, mes jambes nues, mon short, mes petites baskets poussiéreuses, et l'impact de mon saut sur chaque palier qui résonnait dans les fins voiles de béton dont avait été fait cet immeuble. L'immeuble de mes huit ans, je m'en souviens par la course, j'en ai le souvenir logé dans mes jambes.

Le corps conserve très bien des gestes qu'il a faits, c'est le principe de la bicyclette que l'on n'oublie pas, mais aussi par ces gestes conservés au secret des muscles et des articulations on accède à l'image, au souvenir, au récit. Dans *Shoah*, ce film de l'inscription des souvenirs dans le réel le plus concret, on voit un coiffeur à Tel-Aviv qui parle en faisant une coupe, rien de plus banal. Mais il était coiffeur à Auschwitz, il tondait les gens avant la chambre à gaz, et il le raconte en rythmant son récit de coups de ciseaux. On apprend ensuite qu'il ne voulait rien raconter, ou bien il ne pouvait pas.

Lanzmann a loué un salon de coiffure, et pour le tournage il a repris son métier, et là, il a raconté. Les gestes seuls lui permettaient de revenir à son histoire terrible de coiffeur juste avant la chambre à gaz, et de raconter qu'il a vu passer devant lui sa femme et ses filles, qu'elles ont été tondues, et que lui, le coiffeur, a survécu. Ce récit terrible était contenu dans ses gestes d'artisan coiffeur, et sans les gestes, il ne voulait pas s'en souvenir.

Mon histoire d'escalier fait bien piètre figure, mais c'est le même mécanisme qui est en jeu, pour un cataclysme ou pour une joie d'enfant : le corps se souvient par les gestes, et les gestes libèrent le souvenir quand on les exécute à nouveau, comme un léger parfum de sueur autour d'un corps en mouvement. Vivre marque, et toutes ces traces construisent une vie, lisible sur un corps en mouvement.

L'odeur, mon odeur

Le corps a une odeur, son odeur à lui, mais on *porte* un parfum. Voilà une expression qui ne laisse pas de m'interroger : auraient-elles un poids, ces odeurs étrangères à soi, qu'il faille les *porter* ? On me dira de mauvaise foi, car porter correspond ici à *porter un vêtement*, on veut voir dans le parfum une œuvre, une pièce, une création dont on se pare, alors on dit *porter*, mais j'entends porter comme on le fait d'une caisse, d'une masse, d'une armure trop lourde. Mais peut-être ai-je un rapport étrange aux parfums.

J'ai voulu un jour faire comme tout le monde : sentir bon. Après m'être rasé, je me suis frictionné d'une lotion qui exhalait une bonne odeur de frais. Je me suis regardé dans le miroir avec satisfaction : mes joues brillaient comme du carrelage de piscine, et je sentais un peu pareil. Toute personne m'approchant vérifierait aussitôt que j'étais d'une grande propreté.

Je suis sorti, et dès l'escalier ce fut horrible : à chacun de mes gestes je dégageais des fragrances qui n'étaient pas les miennes, des ondes incompréhensibles qui doublaient tous mes mouvements d'une auréole de flou. Dans la rue, je marchais à côté de moi, comme une ombre à la traîne derrière l'emplacement de mon corps. J'étais devenu un personnage de cartoon, une silhouette expressive et simplifiée occupait ma place. À chaque pas il me fallait savoir qui le faisait, de lui ou de moi, pour garder l'équilibre. Nous étions deux au même lieu, je ne savais plus où je mettais les pieds. Plusieurs fois je trébuchai, en évaluant mal les distances. Ce parfum que je portais m'embarrassait, il me gênait plus que des chaussures neuves, parce que les chaussures neuves se contentent de faire mal, alors que le parfum m'enlevait à moi-même, me déposait à côté de moi, et troublait mes limites.

Je fis demi-tour, je rentrai et pris une douche. La lotion était tenace et je dus frotter. J'étais propre, mais en ne sentant que moi je n'avais plus rien pour le montrer. Tant pis. Je n'ouvris plus jamais la petite bouteille, je la perdis, je dus la jeter un jour de rangement. Je m'excuse par avance auprès de tous ceux que mon odeur incommode ; tout comme je m'excuse auprès de tous ceux à qui les traits de mon visage ne plairaient pas.

Le corps humain en général sent bon. Même en sueur. La transpiration de mon amour sent bon, et c'est heureux car sinon nous devrions nous caresser sans bouger, sans aucun effort, et sans effet. Il semblerait que l'on confonde sentir *fort* et sentir *mauvais*, et que l'on se sente obligé de réduire tout effluve par politesse, ou bien la dissimuler par une autre expressément artificielle, pour que l'on sente l'art, et non pas le corps. Quand mes enfants furent en âge de sortir, je le savais avant qu'ils ne me le disent : une odeur de déo assez désagréable envahissait l'appartement. « Tu sors ? — Oui. » Et je me demandais pourquoi ils remplaçaient par cette odeur assez piquante et désagréable le délicieux parfum d'enfants qui était encore le leur. « Je ne vais quand même pas sentir ! » disaient-ils, à la fois amusés de ma bêtise de vieux et un peu furieux de mon inconséquence. Ben si, puisque tu sens bon, pensais-je en moi-même. Mais il leur était impossible de sortir sans sentir autre chose qu'eux-mêmes, sortir sans masque, sortir nus, aurait été inconvenant.

Il vaut mieux sentir ostensiblement l'artifice même si c'est pas terrible, que le naturel même si c'est bon : n'avoir rien fait pour soi fait paraître négligé, l'artifice exhibé est la preuve qu'on prend soin de soi, et qu'on ne se laisse pas aller ; on montre ostensiblement sa bonne tenue.

Politesse, dit-on. Mais je préférerais de l'amour.

Sens-moi.

Aime-moi.

Vénus de pierre, Vénus fatale

« Je suis belle, ô mortels ! comme un rêve de pierre », écrit Baudelaire dans une ode assez morbide à la beauté parfaite. « Je trône dans l'azur comme un sphinx incompris », dit-elle, car elle est ailleurs, toujours ailleurs, elle est la perfection et l'homme qui la désire ne peut l'atteindre, il rampe bien en dessous, et pleure, et se morfond. Mais il n'a aucune chance avec elle, car, dit-elle encore : « Je hais le mouvement qui déplace les lignes / et jamais je ne pleure et jamais je ne ris. » On dirait les réplicants impassibles relégués dans leurs colonies spatiales, construits de silicone et de fibre de carbone, beaux comme des statues, qui jamais ne pleurent, jamais ne rient, jamais n'aiment, les êtres parfaits qui calculent juste, et travaillent, et meurent.

Tous les corps vivants sont imparfaits, imparfaits par leur reste-à-vivre, par ce non-accompli qu'il leur reste encore, heureusement, et il faudrait inverser tous les termes de l'ode pour décrire la vraie présence de la beauté, son incarnation, la seule qui vaille :

« Je suis belle, ô tristes immortels ! comme un corps de chair. Je m'étire sur le drap comme un chat compréhensif, animal muet qui sait tout, voit tout, sent tout, j'aime le mouvement et l'ondoiement permanent des lignes, et parfois je pleure, et toujours je ris. »

Y être

« Le meilleur ordre des choses est celui où j'en devrais être ; et foin du plus parfait des mondes si je n'en suis pas », écrit Diderot dans *Le neveu de Rameau*. Ce sont là les paroles du neveu qui est le pragmatique suprême, le personnage humain, trop humain, qui se moque de toute philosophie, et qui par son récit surprend le narrateur philosophe par sa capacité à survivre à tout, à tout surmonter, à faire profit de toutes ses imperfections, et à vivre.

Être là, quoi de mieux ? N'avoir pas été là, quel dommage ! J'aime le temps vécu, car c'est le seul où je suis, le seul où j'ai l'occasion de vivre et de te rencontrer, le seul où le corps existe pour ce qu'il est : un récit en train de se dire, que j'essaie d'entendre, et tant bien que mal de raconter.

Cela finira ? Soit. C'est cahoteux, défectueux, imprévisible ? Bon. Et alors ? De vouloir le parfaire c'est aussitôt l'achever, de craindre la fin c'est s'y précipiter, la beauté vivante et incarnée est la seule qui soit. Plutôt que les visages lisses et harmonieux qui semblent à peine sortis de leur emballage d'origine, j'aime rien tant que les visages sculptés qui racontent d'eux-mêmes leur histoire, dans une langue étrangère dont nous ne savons pas un mot, mais que nous comprenons très bien. Car si la beauté n'est pas un récit matériel, à quoi sert-elle ? À sidérer ? Allons, nous parlons ici de vivre.

Un continent neuf

Avant que Cortés parte pour ce Mexique dont il ne savait rien, il signa un long contrat où était décrit tout ce qu'il devait faire. Parmi les articles qui commandaient de ne pas dormir à terre mais dans les bateaux ancrés au large, de s'abstenir de relations charnelles avec les Indiennes, même consentantes, de verser à la couronne un cinquième de tout l'or ramassé, acheté ou volé aux Indiens, on trouve d'autres articles qui donnent mission de trouver enfin le royaume des Amazones, et de se renseigner sur le pays des hommes à tête de chien qui se nourriraient du parfum des fleurs. Quand il aborda le Mexique, quand il marcha entre les volcans, quand il aperçut enfin la grande ville de Mexico posée sur le miroir du lac, Cortés n'avait rien trouvé de ce qu'il était venu chercher, il ne reconnut rien de ce qu'il s'était imaginé, et il trouva beaucoup plus; mais c'était si différent qu'il crut sans doute à une erreur. Ceci qu'il voyait ne ressemblait pas du tout à ce que l'on pouvait lire dans les livres qu'il avait pu lire avant de partir. Il ne savait pas du tout où il était.

Sans pour autant partir pour les Amériques, il est pour chacun des continents insoupçonnés que l'on découvre alors que l'on pensait aller ailleurs, et parmi tout ce que l'on fait dans une vie, il n'est aucun acte dont la réalisation soit plus différente de l'idée qu'on en a auparavant que l'amour charnel. On peut même croire faire autre chose que ce que l'on croit faire, penser s'être trompé, et comme Cortés, construire des bateaux sur la côte du Pacifique pour trouver enfin les villes enchantées, les reines-sorcières et la Chine, et chercher encore; les bateaux de Cortés tournèrent dans l'immense océan, sans rien trouver que la Basse-Californie, ses déserts, ses oiseaux de mer, et ses baleines descendues de l'Arctique pour jouer à l'amour et élever leurs petits.

Parce que l'amour, faire l'amour, on en a rêvé bien avant que de le faire. Quand vient la première fois, ça ne tombe pas comme ça, on l'a imaginé souvent, voire même on l'a observé, espionné, maté avec honte et excitation, puis on l'a espéré dans une floraison d'images et de gestes auxquels on essaie de se conformer. Quand vient le moment d'y être, enfin, ce n'est pas du tout comme ça. On peut en être déçu, ou on peut trouver ça bien mieux ; on peut être d'abord déçu et ensuite trouver ça mieux, mais il reste toujours cette stupeur du décalage entre le vécu et l'imaginé, entre le tact et la vue, entre l'image rêvée et la chose faite.

Si on n'est pas à l'écoute du corps physique qui murmure son contentement en sa langue étrangère, on peut rester coincé dans l'image, trouver que par rapport à l'hologramme que l'on imaginait le corps est dégoûtant, les seins tombent, la peau colle, les poils grattent. On peut tenter d'y remédier en gommant, en épilant, en astiquant : toutes actions qui tâchent d'enlever ce que le corps a de trop, et font disparaître ce qu'il a de bon.

Mais on peut aussi balayer toute sa documentation d'un revers de main, jeter à la mer qui les emportera toutes les cartes approximatives, toutes les descriptions faussées, tous les mythes qui faisaient obstacle, et se réjouir du continent neuf qui s'ouvre alors : le corps et ses recoins, ses détails et ses surprises, et surtout son immense sensibilité et son extraordinaire capacité à porter la vie en ses moindres détails, et son absence de limites à l'infinie curiosité. Le corps imparfait est une surprise, le corps inattendu est sans fin, il ne lasse pas pour peu qu'on l'approche, lui, et qu'on le regarde, lui. *Post coitum animal felix*, car il en reste toujours, de l'inexploré.

Notre corps, le tien et le mien, est cet insaisissable, cet inépuisable, ce penseur fécond, ce sensible émouvant, ce continent qui est plus grand que ce qu'on en pense, et cela nous sauve. Le corps humain, notre part matérielle, est vitalité inextinguible, source de sagesse, sujet de connaissance. Il est nous, il est notre jardin.

Ironie déplacée

« Et comment s'appelle-t-elle ? » me demanda-t-il après que je lui eus annoncé l'avoir rencontrée. Je lui dis son prénom, et après un silence, avec un sourire de biais j'ajoutai : « Mais ce n'est pas ce qu'elle fait de mieux. » Je ne sais pas quelle secrète restriction à son encontre, quel snobisme m'avait fait ajouter ça ; elle portait sans doute un nom trop français, trop ancien, un nom que personne ne portait plus, un nom que je me sentais incapable de dire sans des guillemets sonores, un nom que je ne savais pas prononcer à haute voix sans un sourire blasé, à moins que ce ne soit cette rencontre que j'étais réticent à annoncer à voix haute. Mais il ne me rendit pas mon sourire, il haussa les épaules, balaya toute complicité. « Tu sais, ce qui nous retient au début chez l'autre, c'est ce qu'on finit par aimer le plus. Ce que l'on a remarqué comme un défaut, on l'aime ensuite passionnément. »

Comme il aimait les paradoxes, je n'y pris pas garde. J'étais un peu honteux de ma réflexion dont je ne savais pas d'où elle me venait. J'étais un peu dubitatif quant à sa réponse, alors j'oubliai. Et puis cela revint, souvent, car il n'y a rien de plus vrai. Ton défaut, c'est toi. Le défaut, c'est ton écart infime par rapport à une attente, à une norme, à une perfection dont on ne possède même pas le plan. Ton défaut, c'est par là que je te vois, c'est là où je me niche, c'est l'aspérité où s'accroche le désir, qui sinon glisserait sur le marbre d'un corps idéal et froid. Tes défauts sont autant de preuves de ton existence, et je les chéris. Si je t'aime, c'est toi, ta singularité, personne d'autre. Tu es irremplaçable. Toute part de toi, la plus infime, la plus étrange, porte cet amour et enflamme mon désir. Ton défaut c'est ce que j'aime, la perfection te rendrait invisible, et commune.

Temps perdu

Dans le jardin du sculpteur nous avions dîné, laissant la nuit tomber tout doucement, la chaleur enfin s'apaiser, et le temps s'écouler avec douceur. Nous prévoyions de bavarder, de boire, de rire, et de nous coucher sans doute très tard. Nous nous connaissions mal entre nous, nous étions rassemblés par hasard, il y avait parmi nous une jeune femme d'une grande beauté à laquelle je donnais vingt-cinq ans environ, mon âge à l'époque. Elle avait un beau visage serein, des gestes déliés, elle était danseuse. Elle refusa le vin, dit qu'elle ne buvait jamais d'alcool. Que de l'eau, pure, et quelques jus de fruits, frais. Sinon pas de café ni de thé. La nuit était tombée complètement, nous avions allumé des flambeaux plantés dans les plates-bandes du petit jardin. La belle danseuse souriait beaucoup, parlait peu, n'avait pas d'avis sur grand-chose ou alors le même que tout le monde. Son visage prenait bien la lumière, elle restait immobile en de très belles postures. Elle se leva, elle se retirait, elle allait se coucher. Il était vingt-deux heures déjà, bien tard pour elle. Tous les jours à vingt heure trente elle se couchait, à vingt et une heure elle dormait, pour se réveiller à neuf heures le lendemain matin. Quand elle fut partie, le sculpteur me dit son âge : la quarantaine. La danse, ça conserve, rit-il en nous resservant à boire. J'en fus effrayé, de ce miracle de la jeunesse conservée. Parce que c'est effrayant, les gens qui ne font pas leur âge : quelque chose sans doute n'a pas été vécu, et ne s'est pas inscrit sur leur visage. Ce temps qui ne semble pas avoir passé pour eux, il leur manque. Pour elle, qui ne se laissait distraire par rien, déranger par rien, il manquait. Elle était parfaite, et absente.

L'amour se nourrit d'imperfections

Il est étrange, l'érotisme visuel qui nous envahit, l'érotisme produit en série qui inonde d'images tout ce qui peut porter une image, et qui montre des poupées toutes semblables, de vraies femmes de chair qui se déguisent en poupée pour toutes se ressembler, et qui ressemblent à quelque chose d'étrange, entre avatar vidéo, dessin manga et poupée Barbie géante, apparence qui serait sans doute, pour elles et pour beaucoup, la manifestation sur Terre de la perfection érotique, un état ultime qui pose pour le selfie, figé pour l'éternité, et transmise jusqu'à nos yeux écarquillés par tout ce qui peut porter une image.

Cernés d'écrans froids que nous sommes, *on* croit au corps réduit au visible, éternel dans sa froideur, on croit au corps-machine issu du design, au corps malléable et soumis à la volonté. Le verbe est éloquent : *malléer* le corps, c'est le battre au marteau et c'est cela sans doute qui a été fait pour obtenir ces images. Pour être malléable à la perfection, le corps a été malléé à la machine de remise en forme, au laser et au bistouri, à l'exercice extrême, à la privation, à la manipulation chimique, au dosage diététique ultra précis. Ce corps culturiste est uniquement visible, et stérile. Il ne parle plus aucune langue, sauf celle primitive des petits gémissements de l'haltérophile, et il tombe raide mort sans que l'on sache pourquoi. Cela me rend perplexe de vouloir ainsi muter, de vouloir ainsi quitter l'humanité. Le transhumain est stérile, autiste, et bientôt mort.

On le sait en lisant des comics : de tous les superhéros, Superman est le plus rasoir. Enfant je le lisais avec ennui, quand je fus étudiant Umberto Eco m'expliqua pourquoi. Dans un article érudit et joueur, il notait que Superman est un personnage sans narration possible : parfait, tout-puissant, il ne peut être sujet à péripéties car rien ne le menace. La seule possibilité de raconter une histoire est d'explorer son enfance, au moment où il découvre son pouvoir, ou de faire intervenir la kryptonite qui le lui fait perdre. On mesurera la différence avec Batman, le superhéros sans superpouvoirs, qui n'est que failles, douleurs et manques, qui donne lieu à une floraison de récits complexes alors que Superman n'est que la potiche de quelques navets.

Le désir n'est pas une image, mais un récit ; le désir que j'éprouve est le récit de mon approche vers toi, de la tienne vers moi, le chemin particulier que je parcours sur ton corps unique, qui s'entrelace avec celui que tu parcours sur le mien. L'érotisme est cela : un chemin unique qui joint un corps à l'autre. L'érotisme n'est pas une propriété des corps mais du récit, du récit qui embarque ton corps, mon corps, les lieux et le moment, le moindre détail, tout. Le désir est un récit vécu, qui a besoin d'un détail pour s'accrocher comme la perle a besoin d'un grain de sable pour se former, et commencer, et se vivre. Toutes tes imperfections, toutes mes imperfections, nous permettent le récit de notre désir.

Oh ! comme j'aime le corps imparfait ! lui seul est désirable. Un corps parfait ne me ferait pas de place, pas besoin, au contraire : il se montre dans sa perfection, il est de marbre lisse et mes mains glisseraient jusqu'à le perdre sans trouver de prises. Le corps parfait est accompli, il est achevé, il n'a besoin de rien et surtout pas de moi. C'est cela sans doute le but du désir inhumain de perfection physique : atteindre l'ataraxie propre aux bombasses, poser en silence pour la photo, s'établir pour l'éternité dans un autisme hautain pendant que crépitent les flashes.

Cela reposerait sans doute de n'avoir besoin de rien ni de personne, de se suffire à soi-même dans une infinie contemplation de soi enfin fini, enfin achevé au sens cruel du terme, de combler par la perfection tous les manques qui faisaient souffrir ; cela reposerait, comme la mort.

Mais je souhaite vivre, et que tu vives.

Je suis incomplet, tu l'es.

Aimons-nous.

Table des matières

Corps qui pense 7
Caves et greniers 11
Gardien des profondeurs 15
Cache-tampon universel 19
Cerveau détaché 25
Mélancolie des réplicants 31
Le faux défaut 37
L'autisme comme perfection 41
Jamais là, toujours une excuse 45
La revanche de l'entorse 49
Transhumanisme contre dysmorphophobie 53
Don Quichotte et Cap'taine Crochet 61
Mépris amusé de toutes les perfections 67
Mon chat est un génie universel 71
Instable, donc durable 77
Les machines parlent aux machines 81

La machine rangée sur l'étagère 87
Esprit d'escalier.. 93
L'odeur, mon odeur 97
Vénus de pierre, Vénus fatale................ 101
Y être 103
Un continent neuf.................................. 105
Ironie déplacée.. 109
Temps perdu 111
L'amour se nourrit d'imperfections...... 113

Du même auteur

Aux Éditions Gallimard

L'art français de la guerre, 2011, prix Goncourt 2011 (Folio n° 5538).
Élucidations : 50 anecdotes, 2013.
La nuit de Walenhammes, 2015.
La conquête des îles de la terre ferme, 2017.

Aux Éditions Albin Michel

Son visage et le tien, 2014.
Les mémoires dangereuses, avec Benjamin Stora, 2016.
Une vie simple, avec Nathalie Sarthou-Lajus, 2017.
Femmes d'ici, cuisines d'ailleurs, 2017.

Aux Éditions du Toucan

Jour de guerre : reliefs de 1914-1918, 2014.

Aux Presses universitaires de France

Le monde au XXIIe *siècle : utopies pour après-demain*, 2014.

Aux Éditions La joie de lire

La graine et le fruit, avec Tom Tirabosco, 2017.

La collection « J'y crois »
dirigée par Christophe Henning

Sur quoi fonder son existence? Comment tenir dans une société en constante évolution? Quelles sont les valeurs pour lesquelles s'investir vaut la peine? Pour tracer son chemin, il faut y croire. Croire en quelqu'un, croire en un projet, croire que quelque chose est possible.
Cette conviction profonde, les auteurs de cette collection veulent la partager et peut-être la transmettre, dire comment elle les a fait agir, tenir et durer. À partir de leur propre expérience, et même s'il y a encore du chemin à parcourir, ils expliquent comment croire fait vivre.

Titres déjà parus :
Jésus, j'y crois, Michael Lonsdale, 2013
Être père, j'y crois, Olivier Le Gendre, 2014
La solidarité, j'y crois, Guy Aurenche, 2014
La compassion, j'y crois, Bernard Ugeux, 2015
Toi et moi, j'y crois, Philippe Pozzo di Borgo, 2015
La vie poétique, j'y crois, Colette Nys-Mazure, 2015
La musique, j'y crois, Jean-Pierre Longeat, 2015
L'intranquillité, Marion Muller-Colard, 2016
L'amitié, Jean-Paul Vesco, 2017
Le geste de transmettre, Nathalie Sarthou-Lajus, 2017
Nos racines juives, Antoine Nouis, 2018
Vivre en philosophe, Alain Cugno, 2018

Cet ouvrage est imprimé sur un papier certifié PEFC
qui garantit la gestion durable
et responsable des ressources forestières

Achevé d'imprimer en Italie
par «La Tipografica Varese Srl» Varese
en août 2018
Dépôt légal : septembre 2018